ALPHABET
DU SECOND AGE

CONTENANT

DES ALPHABETS EN DIFFÉRENTS CARACTÈRES,
DES PHRASES A ÉPELER, DES NOTIONS SUR L'HISTOIRE
NATURELLE ET LES ARTS ET MÉTIERS

SUIVI

De la Table de Multiplication

AVEC FIGURES

PARIS
VEUVE THIERIOT, LIBRAIRE
15, RUE PAVÉE-SAINT-ANDRÉ

ALPHABET
DU SECOND AGE

CONTENANT

DES ALPHABETS EN DIFFÉRENTS CARACTÈRES,
DES PHRASES A ÉPELER, DES NOTIONS SUR L'HISTOIRE
NATURELLE ET LES ARTS ET MÉTIERS

SUIVI

De la Table de Multiplication

AVEC FIGURES

PARIS
VEUVE THIERIOT, LIBRAIRE
18, RUE PAVÉE-SAINT-ANDRÉ

Paris. — Imp. de Gustave Gratiot, 30, rue Mazarine.

— 3 —

A	B
C	D
E	F

— 4 —

G	H
I J	K
L	M

— 5 —

N O

P Q

R S

— 6 —

T	U
V	X
Y	Z

— 7 —

A B C

D E F

G H I J

K L M

— 8 —

N O P

Q R S

T U V

X Y Z

— 9 —

A B C D

E F G H

I J K L M

N O P Q

R S T U

V X Y Z

— 10 —

a b c d
e f g h
i j k l m
n o p q
r s t u
v x y z

Consonnes.

d. p. b. q. j. h. o. y. a.
m. g. r. n. s. i. f. x. e.
t. z. l. u. v. p. q. c. k.

Voyelles.

a. e. i. o. u.

Syllabes.

ba	be	bi	bo	bu
ca	ce	ci	co	cu
da	de	di	do	du
fa	fe	fi	fo	fu
ga	ge	gi	go	gu

— 12 —

ha	he	hi	ho	hu
ja	je	ji	jo	ju
ka	ke	ki	ko	ku
la	le	li	lo	lu
ma	me	mi	mo	mu
na	ne	ni	no	nu
pa	pe	pi	po	pu
pha	phe	phi	pho	phu
qua	que	qui	quo	quu
ra	re	ri	ro	ru
sa	se	si	so	su
tā	te	ti	to	tu
va	ve	vi	vo	vu

xa	xe	xi	xo	xu
za	ze	zi	zo	zu
bla	ble	bli	blo	blu
bra	bre	bri	bro	bru
cla	cle	cli	clo	clu
cra	cre	cri	cro	cru
dra	dre	dri	dro	dru
fla	fle	fli	flo	flu
fra	fre	fri	fro	fru
gla	gle	gli	glo	glu
gra	gre	gri	gro	gru
pla	ple	pli	plo	plu
phla	phle	phli	phlo	phlu

phra	phre	phri	phro	phru
pra	pre	pri	pro	pru
spa	spe	spi	spo	spu
sta	ste	sti	sto	stu
tla	tle	tli	tlo	tlu
tra	tre	tri	tro	tru
vra	vre	vri	vro	vru

CHIFFRES.

1 2 3 4 5 6 7 8 9 0

1 2 3 4 5 6 7 8 9 0

Mots de deux syllabes.

A-mi.	Mâ-le.
A-ne.	Ma-ri.
Ca-ve.	Mê-me.
Cu-ré.	Me-nu.
Da-me.	Mè-re.
Da-te.	Mi-di.
Dé-jà.	Mo-de.
De-mi.	Pa-pa.
Di-re.	La-me.
Du-pe.	Li-me.
Fê-te.	Li-re.

Fè-ve.   Lu-ne.

Fi-le.   Mi-ne.

Ga-ze.   Pa-ri.

Jo-li.   Pa-vé.

Ju-pe.   Pè-re.

Bal-lon.   Le-çon.

Bam-bin.   Maî-tre.

Bé-guin.   Ma-man.

Bon-bon.   Mou-ton.

Mots de trois syllabes.

A-bat-tu.	Lai-tiè-re.
A-do-ré.	Li-ber-té.
A-bo-lir.	Li-ma-çon.
Ar-ca-de.	Ma-da-me.
A-va-re.	Mé-ri-te.
Ba-bil-lard.	Na-vi-re.
Ba-di-ner.	Nu-di-té.
Bo-bi-ne.	Né-ga-tif.
Ca-ba-ne.	Ob-te-nir.
Ca-ba-ret.	Par-ve-nir.
Ca-na-pé.	Por-ta-tif.

Cap-tu-rer.	Ré-vol-te.
Cou-tu-me.	Re-te-nir.
Da-moi-seau.	Sar-di-ne.
Dé-chi-rer.	Si-mi-lor.
Dé-fi-lé.	Sur-di-té.
Do-mi-no.	Sur-ve-nir.
É-tren-nes.	Tar-ti-ne.
É-co-le.	Tu-mul-te.
É-tu-de.	Tor-tu-re.
Fé-ru-le.	Va-car-me.
Lé-gu-me.	Vir-gu-le.

Mots de quatre syllabes.

Ab-sur-di-té.
Ca-rac-tè-re.
Car-mé-li-te.
Car-ni-vo-re.
Con-clu-si-on.
Dé-pu-ra-tif.
Di-a-lo-gue.
É-car-la-te.
É-ga-le-ment.
Eu-cha-ris-tie.
For-ma-li-té.

Gar-ni-tu-re.
Im-pos-tu-re.
In-con-ti-nent.
O-pi-ni-on.
Par-ti-cu-le.
Pâ-tis-se-rie.
Pe-lo-ton-ner.
Pa-ti-en-ce.
Par-don-na-ble.
Phi-lo-so-phe.
Re-pré-sen-ter.

Phrases à épeler.

le b on-b on, la s ou-pe, un b ou-t on, u-ne s ou-c ou-pe, un d an-s eur, la d ou-l eur, un f our-g on, un p an-t a-l on, la f our-m i, un j ou-j ou, le m ou-l in, un p in-s on. — un g a-l on n euf — m on j ar-d in — t on j ou-j ou — s on m ou-l in — r o-b in m ou-ton — le b on l a-b ou-r eur.

le ti-mon de la voi-tu-re — le feu du four — le cou du din-don — un peu de feu — le ga-zon du jar-din — la meu-le du mou-lin — le pe-pin de la poi-re — le ma-ga-sin de ma-man — de bon ma-tin — bon-jour, ma tan-te — à ton tour mon a-mi.

la poule a pondu—il a un peu peur — la boule a roulé — l'ours danse — la meule tourne — le pinson vole—écoute ton père—la voiture roule—le laboureur laboure—console ta maman — le lapin a couru — demande un sou à maman—mon papa m'a raconté un conte—le feu a consumé la cabane du laboureur—un milan a fondu sur une poule—tourne le bouton de la porte—on a peur de l'ouragan—mon élève a fini son devoir—le laboureur a récolté du lin—l'ours a monté sur un pin du jardin—maman a voulu me punir—consulte ton père, mon ami.

Voi-iez le ciel bril-lant d'é-toi-les, la ter-re cou-ver-te de fleurs, de fruits et d'a-ni-maux; c'est Dieu qui a fait tout ce-la; lui seul est tout-puis-sant : pour plai-re à Dieu, il faut que cha-cun fas-se son de-voir.

Le de-voir d'un en-fant est d'o-bé-ir à ses pa-rents, de cher-cher ce qui peut leur plai-re.

Les hom-mes sont faits pour s'ai-mer; ils sont en so-ci-é-té pour se ren-dre ser-vi-ce les uns aux au-tres.

Ce-lui qui ne veut ê-tre u-ti-le à per-son-ne, n'est pas di-gne de vi-vre a-vec les au-tres.

Les mi-li-tai-res dé-fen-dent l'État; les ju-ges font ren-dre à cha-cun ce qui lui est dû; les mar-chands pro-cu-rent tout ce dont on a be-soin; les ou-vri-ers le pré-pa-rent.

Les prê-tres sont les gar-diens de la mo-ra-le.

Les sa-vants nous ex-pli-quent les mer-veil-les de la na-tu-re; les ar-tis-tes nous en re-pré-sen-tent les beau-tés; le phi-lo-so-phe est ce-lui qui ai-me la sa-ges-se et qui fait tout pour el-le.

La sa-ges-se de l'en-fant le rend plus ai-ma-ble; il fait a-vec plai-sir ce qu'on lui de-man-de.

La vé-ri-té est si bel-le, ne men-tez

ja-mais; on ne croit plus ce-lui qui a men-ti u-ne fois quand mê-me il dit vrai.

Il n'y a qu'un seul Dieu qui gou-ver-ne le ciel et la ter-re.

Ce Dieu ré-com-pen-se les bons et pu-nit les mé-chants.

Les en-fants qui ne sont pas o-bé-is-sants ne sont pas ai-més de Dieu, ni de leurs pa-pas et de leurs ma-mans.

Il faut fai-re l'au-mô-ne aux pau-vres, car on doit a-voir pi-tié de son sem-bla-ble.

Un en-fant ba-bil-lard et rap-por-teur est tou-jours re-bu-té par tous ses ca-ma-ra-des.

On ai-me les en-fants do-ci-les; on leur don-ne des bon-bons.

Un enfant boudeur est haï de tout le monde.

Un enfant qui est honnête et qui a bon cœur est chéri de tous ceux qui le connaissent.

L'homme a cinq sens, ou cinq manières d'apercevoir ou de sentir ce qui l'environne.

Il voit avec les yeux.

Il entend par les oreilles.

Il goûte avec la langue.

Il flaire ou respire les odeurs avec le nez.

Il touche avec tout le corps, et principalement avec les mains.

L'enfant sage est la joie de son père.

Le lion est le roi des animaux.

L'aigle est le roi des oiseaux.

La rose est la reine des fleurs.

L'or est le premier des métaux; il est le plus pur et le plus rare.

Notre Père, qui êtes dans les cieux, que votre nom soit sanctifié ; que votre règne arrive; que votre volonté soit faite, en la terre comme au ciel. Donnez-nous aujourd'hui notre pain quotidien, et pardonnez-nous nos offenses, comme nous pardonnons à ceux qui nous ont offensés, et ne nous laissez point succomber à la tentation, mais délivrez-nous du mal.

Ainsi soit-il.

Je vous salue, Marie, pleine de grâce, le Seigneur est avec vous. Vous êtes bénie entre toutes les femmes, et Jésus, le fruit de vos entrailles, est béni.

Sainte Marie, Mère de Dieu, priez pour nous, pauvres pécheurs, maintenant et à l'heure de notre mort.

Ainsi soit-il.

Les commandements de Dieu.

I. Un seul Dieu tu adoreras et aimeras parfaitement.

II. Dieu en vain tu ne jureras, ni autre chose pareillement.

III. Les dimanches tu garderas, en servant Dieu dévotement.

IV. Tes Père et Mère honoreras, afin de vivre longuement.

V. Homicide point ne seras, de fait ni volontairement.

VI. Impudique point ne seras, de corps ni de consentement.

VII. Les biens d'autrui tu ne prendras, ni retiendras injustement.

VIII. Faux témoignage ne diras, ni mentiras aucunement.

IX. La femme ne convoiteras, de ton prochain aucunement.

X. Biens d'autrui ne désireras, pour les avoir injustement.

Les commandements de l'Église.

I. Les Dimanches, Messe entendras, et les Fêtes pareillement.

II. Les Fêtes tu sanctifieras, qui te sont de commandement.

III. Tous tes péchés confesseras, à tout le moins une fois l'an.

IV. Ton Créateur tu recevras, au moins à Pâques humblement.

V. Quatre-temps, Vigiles jeûneras, et le Carême entièrement.

VI. Vendredi chair ne mangeras ni le Samedi mêmement.

LES CRIS DES ANIMAUX.

L'Agneau bêle.
L'Ane brait.
Le Chat miaule.
Le Cheval hennit.
Le Chien aboie, jappe, hurle.
Le Cochon grogne.
Le Coq chante.
Le Corbeau croasse.
La Grenouille coasse.
Le Lion rugit.
Le Loup hurle.
Le Moineau pépie.
La Pie babille, jacasse.
Le Pigeon roucoule.
Le Renard glapit.
Le Rossignol ramage.
Le Serpent siffle.
Le Taureau beugle, mugit.
La Tourterelle gémit.

DIVISION DU TEMPS.

Cent ans font un siècle.
Il y a douze mois dans un an.
Il y a trente jours dans un mois.
Trois cent soixante-cinq jours font un an.

On divise le mois en quatre semaines ; chaque semaine est composée de sept jours, que l'on nomme :
  Lundi, Mardi, Mercredi,
  Jeudi, Vendredi, Samedi,
    Dimanche.

Les mois de l'année sont :
  Janvier, Février, Mars,
  Avril, Mai, Juin,
  Juillet, Août, Septembre,
  Octobre, Novembre, Décembre.

Il y a quatre saisons dans l'année, que l'on appelle : le Printemps, l'Été, l'Automne et l'Hiver.

Imprimerie de Gustave Gratiot, 30, rue Mazarine.

www.ingramcontent.com/pod-product-compliance
Lightning Source LLC
Chambersburg PA
CBHW061016050426
42453CB00009B/1471